글 즐비

즐비는 어린이들에게 즐거움을 주는 비밀 같은 이야기를 쓰고 있는 작가들의 모임이에요. 〈냥 작가의 상담소 시리즈〉는 어린이들이 읽는 즐거움뿐만 아니라 쓰는 즐거움까지 느끼기를 바라는 마음으로 기획했습니다. 나른한 길고양이 누룽지가 아이디어를 제공하고, 김수경 선생님이 글을 쓰고 연호 선생님이 만화 대본을 썼습니다.

지은 책으로는 〈냥 작가의 상담소 시리즈〉와 《연암 박지원, 살아 있는 고전을 남기다》, 《환경 용사, 지구를 살려라》 등이 있습니다.

그림 류수형

어린이 친구들이 읽으면 웃음이 터져 나오는 만화를 오랫동안 그렸어요. 냥 작가처럼 천방지축인 고양이를 두 마리나 키우고 있는데, 고양이가 그림 그리는 능력을 가져갈까 봐 조심조심 만화를 그렸어요.

그린 책으로는 〈냥 작가의 상담소 시리즈〉, 〈빈대가족의 절약 시리즈〉, 〈위기탈출 넘버원 시리즈〉와 《우주가 쿵》, 《인체가 쿵》 등이 있습니다.

초판 3쇄 2023년 12월 7일 | **초판 1쇄** 2023년 1월 20일
글 즐비 | **그림** 류수형
펴낸이 정태선 | **펴낸곳** 파란정원 | **출판등록** 제395-2010-000070호
주소 서울특별시 은평구 가좌로 175, 5층 | **전화** 02-6925-1628 | **팩스** 02-723-1629
제조국 대한민국 | **사용연령** 8세 이상 어린이
홈페이지 www.bluegarden.kr | **전자우편** eatingbooks@naver.com

글ⓒ2023 즐비 | 그림ⓒ2023 류수형
*본문에 칠곡할매글꼴, 교보 손글씨 2019, 어비 찌빠빠체, 국립공원 꼬미를 사용하였습니다.

ISBN 979-11-5868-250-7 74800
　　　979-11-5868-240-8 74800(세트)

이 책은 저작권법에 따라 보호받는 저작물이므로 무단 전재와 무단 복제를 금지하며,
이 책 내용의 전부 또는 일부를 이용하려면 반드시 저작권자와 파란정원(자매사 책먹는아이·새를기다리는숲)의 동의를 얻어야 합니다.
*잘못된 책은 구입하신 서점에서 바꿔 드립니다.

글 즐비 | 그림 류수형

차례

모험을 하고 싶어 ··· 12

모두 다 숲으로 돌아가 ··· 32

소원을 이뤄 줄게 ··· 58

티라노 방은 어디에 … 84

틀린 맞춤법이 불러온 오해 … 108

맞춤법은 중요해 … 126

★ 해답지 … 144

등장인물 소개

냥 작가

길고양이지만 번개아파트에 터를 잡고 산다.
어느 날 갑자기 사람의 말을 알아듣고
글을 읽고 쓸 줄 알게 되었다.
그때부터 나영이, 한우와 좋은 친구이자,
가끔은 글 선생님이 되어 주기도 한다.

나영이

동물을 무척 좋아하고 뛰어노는 것도 좋아한다.
학교도 좋아하지만 공부는 글쎄?
아빠가 동화 작가인데도 글 잘 쓰는 능력은
왜 안 닮았는지 모르겠다.
그래도 냥 작가를 좋아해서 따라다니다 보니
어느새 맞춤법이 중요하다는 것을 깨닫게 된다.

한우

겁이 많아 동물도 무서워한다.
그런데도 언제부턴가 냥 작가와 친해져서
함께 모험까지 하게 된다.
모험이라니, 그렇게 겁나는 걸 하다니!
심지어 공룡을 찾아다니는 모험을!
그런데 모험이 끝나고 나니
맞춤법 실력이 쑥 자라 있다.

하린이와 뭉치

하린이는 나영이와 한우의 이웃 동네에 사는 1학년이고, 뭉치는 하린이와 함께 사는 새끼 고양이다.
어느 날 뭉치는 하린이의 소원을 이뤄 주기 위해 집을 나서고 하린이는 뭉치를 찾아 집을 나선다.

백작님

나영이의 아빠. 직업은 분명히 동화 작가인데 어느 날부터 갑자기 글을 쓰지 못하게 되었다. 아직도 그 이유를 알아내지 못했지만, 반드시 다시 글을 잘 쓰고야 말겠다는 마음은 변함없기에 여러 가지 노력을 계속한다.

꼬꼬쌤

나영이와 한우의 담임선생님.
아이들을 삐약이라고 불러서 꼬꼬쌤이 되었다. 마음씨 좋은 선생님이지만 자꾸 어려운 숙제를 내줘서 나영이와 한우를 괴롭게 한다.

모험을 하고 싶어

냥 작가는 번개아파트 화단에서 살고 있어. 냥 작가를 아끼는 아이들이 마련해 준 고양이 집에서 늘어지게 잠을 자고, 아이들이 가져다주는 건강한 유기농 사료와 한우 고기로 배불리 먹으면서 말이야. 맞아, 아주 팔자가 늘어졌다고 말할 수 있지.

냥 작가는 오늘도 번개아파트 화단을 어슬렁거렸어. 새로 핀 꽃도 보고, 꼬물거리는 벌레도 구경했지. 하지만 금세 하품이 나왔어. 맨날 보던 풍경이었으니까.

너무 편안한 삶이 계속 되어서일까? 냥 작가는 슬슬 지겨워졌어. 신나는 일이 그리웠어. 아슬아슬한 모험 같은 것 말이야.

원래 냥 작가는 자유로운 영혼을 지닌 길냥이였어. 어디든지 마음대로 가고, 생쥐며 비둘기를 척척 사냥하기도 했지. 하지만 쥐나 새를 쫓지 않은 지는 오래 되었어. 모험은 언제 해 봤는지 아예 기억도 나지 않았지.

그렇다고 냥 작가가 맨날 번개아파트 화단에서 뒹굴기만 하는 건 아니야. 푸른숲공원에 가서 다른 고양이들도 만나고, 동네도 한 바퀴씩 휘휘 돌아보기도 했어.

하지만 냥 작가는 그 정도로는 충분하지 않았어. 세상이 너무 좁게만 느껴졌지. 무엇보다 작가 고양이에 꼭 필요한 새로운 아이디어가 떠오르지 않았어.

"작가 냥에겐 폭넓은 경험이 필요하다냥!"

냥 작가는 고개를 번쩍 들며 소리쳤어.

아! 그런데 어떻게 고양이가 작가냐고? 냥 작가는 사람 말을 할 줄 알고 한글도 읽고 쓰는 특별한 고양이라서 그래. 그렇게 된 건 어느 날의 사건 때문이었지.

번개가 치던 어느 날이었어. 냥냥이는 길을 걷다가 난데없이 벼락을 맞았어. 그때 벼락을 함께 맞은 사람이 바로 나영이의 아빠인 백작님이었어.

이건 작가의 삶이 아니다냥.

 동시에 벼락을 맞은 순간 동화 작가인 백작님의 글쓰기 능력이 냥냥이에게로 옮겨 갔어. 냥냥이의 벌레나 새를 잡는 능력도 백작님에게 옮겨 갔지.

 그때부터 냥냥이는 작가가 되어 글을 썼어. 나영이와 한우에게 글 쓰는 법을 가르쳐 주기도 했어. 한창 글쓰기에 푹 빠져 있을 때, 냥 작가는 하루에 몇 장씩 글을 썼어. 위대한 작가가 되겠다는 꿈도 생겼지.

그런데 냥 작가는 요즘 글이 잘 안 써졌어. 생활이 비슷비슷 지루하다 보니 글의 내용도 비슷비슷 재미없어지는 것 같았어.

'재미있는 것도 같고, 재미없는 것도 같다냥.'

고민하던 냥 작가는 한우와 나영이에게 자신이 쓴 글을 보여 주었어. 독자들의 솔직한 평을 들으려고 말이야.

그날 밤, 냥 작가는 징검다리오솔길에서 식빵을 구우며 한숨을 쉬었어. 책 한 권도 제대로 못 써 보고 작가냥의 길을 포기해야 할까? 생각만 해도 슬퍼서 눈물이 나오려던 바로 그때, 한우의 말이 번쩍 떠올랐어.

"'기분 전환' 바로 그거다옹!"

냥 작가는 정신이 번쩍 들었어. 새로운 경험을 해야 새로운 글이 나오고 재미있는 일을 해 봐야 재미있는 글이 나올 거야.

"새로움을 찾아 모험을 떠날 거다냥. 이대로 게으른 화단 고양이가 될 수는 없다냥."

냥 작가는 다음 날 오전 내내 모험에 적당한 장소를 찾아 마을을 돌아다녔어.

"마음을 설레게 할 장소가 분명 있을 거다냥."

번개아파트 단지가 끝나는 곳에 이르렀을 때 냥 작가는 눈이 확 커지는 곳을 발견했어. 그곳은 모험할 장소는 아니었지만 냥 작가에겐 꿈의 장소였어. 바로 동네 책방이었지. 냥 작가는 언젠가 자신의 책도 이 책방에 진열되고 유명해지는 상상을 했어. 사인회도 하고 말이야.

 상상에 푹 빠져 행복해하던 냥 작가가 갑자기 화들짝 놀라며 뒷걸음질을 쳤어. 저기 백작님이 나타난 거야. 냥 작가에게 글쓰는 능력을 옮겨 준 바로 그 백작님 말이야.

'엇! 피하자냥!'

 냥 작가는 숨을 곳을 찾아서 두리번거렸어. 백작님의 능력을 일부러 빼앗은 것은 아니지만, 글쓰는 능력을 잃어버려 괴로워하는 백작님을 볼 때마다 냥 작가는 괜히 가슴이 뜨끔했거든. 냥 작가는 풀숲에 들어가 몸을 낮췄어. 다행히 백작님은 냥 작가를 못 보고 지나쳤어.

나영이와 한우는 나란히 학교에서 돌아오는 길이었어. 둘 다 어깨가 축 늘어지고 풀 죽은 얼굴이었어. 오늘도 글쓰기 때문에 꼬꼬쌤에게 한소리씩 들었거든.

"음. 나영아, 열심히 쓰긴 했는데 맞춤법을 많이 틀렸구나."

꼬꼬쌤이 나영이의 글을 읽고 말했어.

"네? 맞춤법이요? 그게 왜 중요해요? 글의 내용이 중요한 거 아니에요?"

"글은 자기 혼자 읽으려고 쓰는 게 아니잖아. 맞춤법이 틀리면 읽는 사람이 네 글을 제대로 이해할 수 없어."

"저는 다 이해할 수 있는데, 왜 이해를 못 하세요?"

나영이야말로 도대체 이해가 되지 않았어. 꼬꼬쌤은 친절하게 다시 설명해 주었어.

"맞춤법은 글자를 제대로 쓰는 규칙이야. 모두가 함께 이렇게 쓰기로 약속한 것이지. 예를 들어 '엿줘봤더니'는 '여쭤봤더니'라고 써야 해."

"발음은 비슷하지만 글자가 달라."

나영이는 꼬꼬쌤의 설명을 듣고 마음이 괴로워졌어. 냥작가 덕분에 이제 글쓰기가 어느 정도 익숙해졌다고 생각했는데 또 벽이 나타난 것 같았거든.

한우의 글도 꼬꼬쌤의 날카로운 눈을 피해갈 수 없었어.

"한우는 어려운 단어를 쓰다가 맞춤법을 틀리고, 띄어쓰기도 많이 틀렸네."

꼬꼬쌤의 말에 한우의 눈이 휘둥그레졌어.

"제가 어려운 단어를 썼어요? 전 어려운 단어 같은 거

모르는데요?"

한우는 자기가 써 놓고도 뭘 잘못 썼는지 몰랐어. 꼬꼬쌤은 갑자기 골치가 아팠지만 꾹 참고 삐악이들에게 상냥한 미소를 지었어.

"그래. 한우가 어려운 단어를 몰라서 잘못 쓴 것 같아. '골이따분하다'는 '고리타분하다'를 잘못 쓴 거지? '화장실 변 기가막혔다'는 똥이 기가 막힌 게 아니라면, '화장실 변기가 막혔다'라고 띄어 써야 맞지."

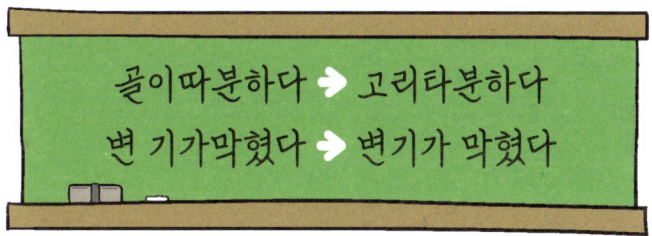

꼬꼬쌤은 한우와 나영이에게 글짓기 공책을 돌려주며 말했어.

"너희가 쓴 글에서 틀린 맞춤법과 띄어쓰기를 고쳐 오렴. 스스로 고쳐 보는 게 공부가 될 거야."

그렇게 무거운 맞춤법 숙제가 툭 떨어졌어.

그 맞춤법 숙제 때문에 지금 나영이와 한우는 풀 죽은 얼굴로 집에 가는 중이야.

"어디가 틀렸는지도 모르는데 어떻게 고치지?"

"맞춤법은 누가 만들었어? 왜 지켜야 하지? 또 왜 이렇게 어려운 거야?"

한우와 나영이는 투덜투덜 동네 책방 앞을 지나갔어. 그때 갑자기 돌풍이 휙 불더니 하늘이 컴컴해졌어.

"어? 날씨가 왜 이러지? 비가 올 건가?"

비를 싫어하는 한우는 얼굴을 찌푸렸어. 그 표정을 보고 나영이는 한우를 놀려 줄 재미난 생각이 나서 미소를 지었어.

"비 말고 숲속에서 귀신 나올 날씨구나아아~. 한우야, 저 숲속에서 나무 귀신이 나온다아아."

나영이는 한우 반응이 재미있어서 숲 쪽을 가

귀… 귀신같은 건 없어. 그러니까 그런 말 하지 마! 무섭잖아!

리키며 계속 장난을 하려 했어. 어, 그런데 저게 누구야?

"냥 작가다. 냥 작가, 어디 가?"

나영이는 큰 소리로 냥 작가를 불렀어.

한편 백작님을 피해 숲에 들어온 냥 작가는 몸이 부들부들 떨렸어. 드디어 발견했거든 마음을 두근거리게 하는 장소를 말이야.

'여기다옹, 내가 찾던 곳!'

번개아파트 뒤쪽으로 이어진 이 숲은 산책길도 있고, 운동을 할 수 있는 운동 시설도 많은 꽤 큰 숲이었어.

"숲이라니, 숲이라니, 모험에 딱 어울리지 않냐옹!"

냥 작가는 너무 흥분이 되서 나영이가 부르는 소리도 들리지 않았어. 발랄하게 흔들리는 꼬리는 혼자서 재미있는 데라도 가는 것 같았지.

"우리도 따라가 보자."

나영이가 말했어. 한우는 고개를 절레절레 저었어. 냥 작가가 향한 곳은 숲이야. 나무가 우거지고, 벌레도 많고, 거미도 많은 진짜 숲. 게다가 오늘은 숲에서 귀신 나올 날씨라며?

"난 그냥 집에 갈래. 엄마가 빨리 오라고 했어."

한우는 엄마 핑계를 대며 뒷걸음질을 쳤어. 나영이는 한우의 손을 덥석 잡았어.

"그럼 맞춤법 숙제는 엄마랑 할 거야? 냥 작가가 너네 엄마보다 맞춤법을 더 잘 알걸."

맞는 말이었어. 한우는 할 수 없이 숲 쪽으로 한 발을 떼었어. 바로 그 순간 번쩍! 하늘에서 마른번개가 쳤어. 나영이와 한우는 놀라서 소리를 꽥 질렀어.

"엄마야!"

하필이면 그때 동네 책방에서 나오던 백작님도 마른번개를 보고 깜짝 놀라 휘청거렸어.

"어이구야!"

백작님은 글이 잘 써지지 않아서 괴로워하다가 책방에 나와 본 길이었어. 하지만 책방의 책들을 뒤적여 봐도 아무 도움이 되지 않았어. 오히려 글이 술술 써지던 옛날이 생각나서 더 괴로울 뿐이었지. 백작님은 그렇게 슬픈 마음으로 책방을 나서다 마른번개를 만난 거야. 백작님은 놀라서 휘청거리다 그만 무릎이 꺾이고 말았어.

　나영이는 아빠의 목소리를 듣고 뒤를 돌아보았어. 그런데 백작님이 책방 앞에서 무릎을 꿇고 있는 거야. 그 무릎에는 백작님이 메모를 위해 항상 갖고 다니는 아이디어 수첩이 떨어져 있었어.

　"어, 백작님? 백작님이 정말 무릎을 쓰고 있네."

　나영이는 얼른 글짓기 공책을 한우에게 던졌어.

　"한우야. 어서 냥 작가를 따라가 봐. 내 숙제까지 좀 봐 달라고 해 줘."

　"나 혼자? 저기 숲에? 좀 무서운데……."

한우는 고개를 절레절레 저었어.

"걱정 마. 내가 금방 뒤따라갈게. 일단 백작님한테 좀 가 보고. 어서 가! 냥 작가가 숲에서 사라지면 우리 숙제는 끝이니까 절대 놓치지 마. 알았지?"

나영이는 한우를 달래며 등을 떠밀었어.

냥 작가님

선생님이 내 글에 맞춤법 틀린 곳이 많대요. 맞춤법이 뭐예요? 뭘 맞추라는 거죠?

-1학년 3반 미소

맞춤법은 글을 쓰는 규칙이다냥!

맞춤법은 무엇일까?

　맞춤법은 우리말을 글로 쓸 때 지켜야 하는 규칙이야. 쓰고 읽는 사람 모두가 글을 올바르게 이해하기 위해서 지켜야 하는 약속이지. 한마디로 말해서 '글쓰기 규칙'이야.

　게임이나 운동을 할 때도 지켜야 하는 규칙이 있잖아. 만약에 규칙을 안 지키면 어떻게 될까? 게임이나 운동이 제대로 되지 않고 엉망이 되어 버리겠지.

　마찬가지로 글을 쓸 때도 규칙을 지켜야만 말하고 싶은 뜻을 정확하게 전달할 수 있어.

냥 작가의 맞춤법 비법

받아쓰기를 잘하고 싶으면 맞춤법을 알아야 한다냥.

먼저 맞춤법 실력이 어떤지 한번 알아보자. 다음 글에서 상자 안 단어가 맞춤법에 맞으면 ○, 틀리면 ×로 표시해 봐. 5개 이하로 맞히면 공부가 필요해.

❶ 우리 집 강아지가 새끼를 「나았어요」.

❷ 우체국에 가서 편지를 「붙였다」.

❸ 학교에서 돌아오는 길에 친구와 「떡볶이」를 사 먹었다.

❹ 엄마가 내 얼굴을 「가르치며」 뭐가 묻었다고 말했다.

❺ 동생이 내 필통을 「부셨어요」.

❻ 어제 선생님이 숙제를 내주셨는데 깜박 「잊어버렸다」.

❼ 학원 문이 「다쳐」 있었다.

❽ 식판을 들고 가다 발이 걸려서 그만 「업어버리고」 말았다.

❾ 할아버지가 지팡이를 「짚고」 걸어가신다.

❿ 언덕을 「넘어가야」 공원이 나온다.

모두 다 숲으로 돌아가

"백작님! 여기서 무릎으로 글을 쓰시는 거예요?"

나영이는 백작님의 팔을 덥석 붙잡고 물었어.

"그게 무슨 소리냐? 무릎으로 글을 쓰다니?"

백작님은 무릎을 내려다보며 되물었어. 문득 자신이 땅바닥에 무릎을 꿇고 있는 모습을 나영이에게 들켜서 부끄럽다는 생각이 들었어.

"어휴, 내가 어쩌다 이렇게 되었지? 아아, 정말 모두 다 수포로 돌아가는구나."

백작님은 벌떡 일어서며 중얼거렸어.

'모두 다 숲으로 돌아간다고?'

나영이는 서재에서 백작님이 했던 말이 생각났어. 그때는 무슨 뜻인지 몰라서 꼭 암호 같았는데, 이렇게 무릎을 쓰고 모두 함께 숲으로 돌아가면 알 수 있나 봐.

"백작님, 우리도 숲으로 갈까요? 친구들은 벌써……."

하지만 백작님은 손을 휘휘 저으며 집 쪽으로 걸어갔어. 힘없이 휘청거리며 걷는 모습이 위태롭게 보였어.

"아빠, 내가 데려다줄게요."

나영이는 어딘지 이상해진 백작님을 먼저 집에 데려다주기로 했어. 나영이는 아빠 손을 꼭 잡았어.

백작님은 집에 돌아오자마자 바로 서재로 들어갔어. 글을 써 보려고 책상 앞에 앉았지. 아까는 번개에 놀라 절망했었지만 아직은 재미있는 동화를 쓰는 일을 포기하지 않았거든.

'안타깝지만 내가 도와드릴 수는 없겠지.'

나영이는 백작님을 조금 지켜보다가 집을 나섰어. 냥작가와 한우가 달려간 아파트 뒤쪽 숲으로 향했어. 걸어가면서 생각해 보니 꼬꼬쌤이 틀린 것 같았어.

"맞춤법보다는 역시 글의 내용이 더 중요한 거 아냐? 보라고. 내가 쓴 글이 틀린 데가 없잖아. 아빠는 무릎을 쓰시고, 모두가 숲으로 가고 있잖아."

나영이는 가슴이 두근거렸어. 자기가 글에 쓴 대로 이루어지고 있다고 생각되었거든. 마치 예언가가 된 기분이었지.

나영이는 산책로 입구에 도착했어. 거기서부터 숲이 넓게 펼쳐져 있었어.
"한우랑 냥 작가는 어디로 갔지?"
나영이는 도무지 짐작도 할 수 없었어.

나영이는 일단 숲으로 들어가는 길을 따라서 걸었어. 그런데 저기 수풀 속에 웬 작은 엉덩이가 보였어. 자세히 보니 어떤 아이가 풀숲에 고개를 처박고 엉덩이를 하늘로 치켜들고 있는 거였어.

"저기 뭐 있나? 혹시 보물? 그럼 나도 나도."

나영이는 아이 옆으로 가서 고개를 깊이 숙였어.

"괜찮다는 거야, 안 괜찮다는 거야?"

나영이는 부딪힌 머리를 문지르며 아이에게 다시 물었어. 아이는 아무렇지 않게 옷을 탈탈 털며 대답했어.

"머리는 안 아파. 그러니까 괜찮아. 근데 뭉치가 여기에 없어. 그래서 안 괜찮아."

"무슨 뭉치? 솜뭉치? 털뭉치? 아니면 사고뭉치?"

나영이는 생각나는 뭉치를 다 말해 보았어.

"아아니, 그런 뭉치 말고!"

아이는 그것도 모르냐는 듯이 눈살을 찌푸렸어.

"뭉치 말이야, 우리 고양이 뭉치. 난 뭉치 집사거든. 집사가 뭔 줄은 알지? 그 정도는 알 나이 같은데?"

동생처럼 보이는 아이한테 무시당하는 것 같아서 나영이는 기분이 팩 상했어. 일부러 얄밉게 쏘아붙였지.

"알지. 고양이 졸개 아냐? 아니면 고양이 하인?"

"졸개라니? 하인이라니? 고양이 집사는 고양이를 존중하며 같이 사는 사람이라고!"

아이는 금세 얼굴이 시뻘게져서 발을 동동 구르며 외쳤어. 나영이는 일부러 더 약을 올렸어.

 사실은 나영이도 고양이 집사가 무슨 뜻인지는 알고 있었어. 고양이들은 자기들이 사람보다 더 높다고 생각해서 키워 주는 사람을 주인으로 여기지 않는대. 고양이의 일을 도와주는 '집사'쯤으로 여긴다는 거야. 고양이를 키우는 사람들은 고양이의 그런 태도도 귀여워서 스스로를 집사라고 부르며 굽실거린대. 고양이는 냥 작가처럼 다 건방지고 뻔뻔한 성격인가 봐.
 "난 우리 고양이 뭉치를 찾고 있어. 같이 찾아 줄래?"
 아이의 이름은 하린이, 나영이가 방금 지나온 산책로 아래쪽에 사는 1학년 아이였어. 조금 아까 뭉치가 열린 창문으로 집을 빠져나가서 찾으러 나왔대.

고양이건 뭉치건, 나영이는 이 맹랑한 꼬마 녀석을 도와주고 싶지 않았어. 하지만 고양이가 사라졌다는 건 실종 사건이 일어났다는 뜻이잖아. 나영이는 냥 작가를 찾는 게 먼저라 참으려 했지만, 마음속에서 명탐정의 피가 끓어올랐어.

"고양이 실종 사건을 의뢰한다면, 명탐정 나영 홈스가 해결해 주지. 뭉치는 어떻게 생겼어? 울음소리는? 집을 나갈 만한 특별한 문제가 있었어?"

나영이는 뭉치에 대해 꼬치꼬치 캐물었어. 명탐정은 작은 단서도 허투루 버리지 않으니까.

"저기 까만 게 있어서 뭉치인 줄 알았는데, 풍선이야."
하린이가 실망한 얼굴로 말했어.
"풍선이 숲에 떨어졌다고? 왜? 누가 떨어뜨렸을까?"
명탐정 나영 홈스는 곧바로 허리를 숙이고 풀숲에서 까만 풍선을 꺼냈어. 무슨 단서가 있을까 싶어서 이리저리 살펴보았어.

나영이는 터진 풍선을 주머니에 챙겨 넣었어. 쓰레기는 주워야 하니까. 그 모습을 본 하린이가 미소를 지었어.

"언니는 착한 사람이지?"

나영이는 얼떨결에 그렇다고 대답했어. 말하고 보니까 기분이 좋아졌어. 더욱더 착한 일을 해야겠다는 생각이 들었지. 그래서 하린이에게 상냥하게 말했어.

"걱정 마. 뭉치 실종 사건은 언니가 공짜로 해결해 줄게. 사실은 언니도 지금 고양이를 찾는 중이거든."

"그럼 언니도 냥이 집사야?"

하린이가 눈을 둥그렇게 뜨고 나영이를 바라봤어.

나영이는 어떻게 대답해야 할지 몰랐어. 냥 작가는 나영이의 집에서 키우는 고양이는 아니니까. 하지만 나영이는 냥 작가의 집도 마련해 주고, 먹을 것도 갖다 바치고, 강아지풀로 사냥놀이도 해주는걸! 잠시 고민하던 나영이가 대답했어.

"집사는 아니고, 친구 같은 거야. 냥 작가는 자유로운 고양이거든."

"어떻게 생겼어? 예뻐?"

한우는 아까부터 냥 작가를 뒤쫓고 있었어. 오늘따라 냥 작가는 어쩌면 그렇게 빠른지, 그동안 소고기를 너무 많이 준 게 아닐까 후회가 될 정도였어.

"냥 작가! 잠깐만!"

한우는 숲으로 들어가는 냥 작가를 소리쳐 불렀어. 산책로를 벗어나 숲속으로 들어가면 따라가기가 더 어려워질 것 같아서 말이야.

냥 작가는 한우가 그렇게 애타게 부르는데도 뒤를 돌아보지 않았어. 꼭 무언가에 정신이 팔려 있는 것 같았어.

맞아. 냥 작가는 모험에 정신이 팔려 있었어. 숲의 신선한 공기를 맡자마자 게으른 화단 고양이에서 용감한 야생 고양이로 다시 태어난 것 같았거든.

"야호! 야생 본능이 깨어난다냥!"

냥 작가의 가슴 속에 모험이 시작될 거라는 느낌이 딱 찾아왔어.

숲속에서 냥 작가는 새로운 것을 마주칠 때마다 호들갑을 떨며 관찰했어. 처음 보는 꽃, 처음 보는 나비, 처음 보는 말벌…….

 그런데 수풀 한구석에는 냥 작가를 쳐다보는 반짝이는 눈이 있었어. 아까부터 냥 작가를 노려보고 있었는데, 말벌에 쫓기느라 바쁜 냥 작가가 눈치를 못 챘어. 조금 뒤, 냥 작가는 겨우 말벌을 따돌리고 헥헥 가쁜 숨을 내쉬었어. 그러면서도 얼른 글짓기 공책을 꺼냈지.
 "힘들었다옹. 하지만 이 모험을 글로 쓰면 재미있겠다옹? 용감한 냥 작가, 말벌 공격을 이기고······."
 냥 작가가 글을 쓰기 시작하자마자 수풀 속에서 검은 것이 툭 튀어나왔어.

"엄마야옹!"

냥 작가는 너무 놀라서 글짓기 공책과 연필을 시커먼 녀석에게 던지고 말았어.

검은 고양이 뭉치는 냥 작가에게 척척척 다가왔어.

"이거 네가 쓴 거냐옹?"

뭉치는 냥 작가의 글짓기 공책을 펼쳐 보며 물었어. 바로 보고, 거꾸로 보고 이리저리 책장을 넘겨 보는 걸 보니, 글짓기에 관심이 많아 보였어.

"당연히 내가 썼다냥. 난 냥 작가, 위대한 작가 고양이다옹."

냥 작가는 살짝 머쓱해서 얼른 말을 이었어.

"아직은 아니지만 곧 위대해질 거다옹."

"작가 냥이라고? 정말로 인간의 글을 읽을 줄 안다고 냥?"

뭉치가 다시 한번 물었어. 냥 작가는 어깨를 활짝 펴고 잔뜩 뻐겼지.

"글만 아는 게 아니라 인간의 말도 한다냥. 내가 좀 특별한 고양이다냥."

뭉치는 냥 작가를 존경하는 마음으로 초록빛 눈을 반짝반짝 빛내며 입을 열었어.

뭉치는 냥 작가의 앞발 위에 제 앞발을 덥석 올렸어.

"어쨌든 나와 함께 모험을 할 생각은 없냥? 난 글을 읽어 줄 사람, 아니 고양이가 필요했다냥."

"모험? 지금 모험이라고 했냐옹? 내가 이 숲속에서 찾는 게 바로 모험이다냥. 당장 같이 하자냥."

냥 작가의 가슴이 마구 두근거렸어. 숲속으로 들어오자마자 모험이 제 발로 걸어 들어온 거야. 검은 고양이 뭉치의 모습을 하고서 말이지.

냥 작가는 뭉치를 찬찬히 쳐다보았어. 뭉치는 늘씬한 몸매에 검은 털이 반들반들한 게 꼭 귀족 같아 보였어. 정말로 위대한 임무를 위해 모험을 떠난 고양이 같았지.

하지만 뭉치는 사실 모험과는 거리가 먼 고양이였어. 아직 1년도 안 살아 본 묘생 동안 한 번도 집 밖에도 나와 본 적이 없었어.

뭉치는 늘 바깥세상이 궁금했어. 창문에 코를 박고 상상의 날개를 펼쳤지. 상상 속에서 뭉치는 온 세상을 마음껏 돌아다니며 모험을 했지.

그러던 오늘, 뭉치는 창문이 살짝 열린 틈을 타고 집을 뛰쳐나왔어. 진짜 모험을 하려고. 냥 작가는 이런 뭉치의 사연도 무척 마음에 들었어. 지겨운 번개아파트에서 뛰쳐나온 자신과 무척 비슷하게 느껴졌거든. 냥 작가도 뭉치의 앞발에 제 앞발을 덥석 올리며 대답했어.

"좋다냥. 뭉치 너와 함께 하겠다냥. 어떤 모험이든 상관없다냥. 네 집사의 소원을 이루기 위해 내가 도울 일이 있으면 무엇이든 말하라냥."

냥 작가는 기대감에 차서 말했어. 뭉치의 말투를 따라 하며 진지하고 멋있게 말이야.

뭉치는 품 안에서 쪽지를 꺼내 건넸어.

> 나눈 티라노 방을 갖고 시퍼. 다른 애들은 다 있는데 나만 업서. 티라노 방. 옆동네에 가면 아직 티라노 방이 있대. 근대 거기 가려면 꼭 숲을 너머가야 한데.

고양이들이 쪽지에 코를 박고 있을 때, 한우도 드디어 그곳에 도착했어. 풀숲을 한참 동안 헤매다가 이제야 냥 작가를 발견한 거야. 그런데 가만 보니 냥 작가는 혼자가 아니었어. 다른 고양이와 같이 있었어.

"냥 작가!"

한우는 조그만 목소리로 냥 작가를 불렀어. 옆에 있는 시커먼 고양이가 무서워서 말이야. 한우는 동물이라면 냥 작가만 빼고 다 무서워하거든. 강아지나 병아리나 개구리까지 죄다! 그런데 한우가 너무 작은 소리로 불렀나? 냥 작가는 돌아보지도 않았어.

냥 작가 형!
맞춤법은 왜 이렇게 어려운 거야?
나는 4학년인데도 맞춤법을 잘 모르겠어. 어떻게 해야만 맞춤법을 잘 알 수 있는 거야?

-4학년 1반 시우

말을 소리로 들을 때랑 글로 쓸 때가 똑같지 않아서 맞춤법이 어려운 거다냥.

맞춤법을 잘 알려면 어떻게 해야 할까?

　우리말 맞춤법은 소리 나는 대로 적는 게 기본이야. 하지만 때때로 소리 나는 대로 쓰지 않는 경우가 있어. 사실 꽤 많지. 그래서 맞춤법이 어렵게 느껴지는 거야. 말로 할 때는 쉬운데 글로 적으려면 글자를 틀리는 경우가 생기지.

　그래서 맞춤법을 잘 알려면 글을 많이 읽어야만 해. 그것도 맞춤법에 맞게 올바르게 쓴 글을 읽어야 하지. 책을 읽는 게 도움이 될 거야.

　그리고 헷갈리거나 모르는 글자는 꼭 국어사전을 찾아보는 게 좋아. 선생님이나 어른들에게 물어보는 것도 좋지.

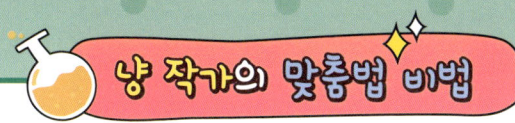

냥 작가의 맞춤법 비법

1. 비슷해서 헷갈리는 낱말은 국어사전에서 뜻을 찾아보면 잊지 않는다냥.

가리키다	가르치다
같다	갖다
낫다	낳다

다르다	틀리다
부치다	붙이다
잊어버리다	잃어버리다

2. 때에 따라 달라지는 글자들을 기억해 둬라냥.

안 / 않
'안'은 '아니'를 줄인 말이고, '않'은 '아니 하'를 줄인 말이야. 헷갈릴 때는 '아니'와 '아니 하'를 넣어 보면 돼.

되 / 돼
'돼'는 '되어'를 줄인 말로, '되어'를 넣어 봐서 말이 되면 '돼'가 맞아.

채 / 체
'채'는 어떤 상태로 있다는 뜻이고, '체'는 그럴듯하게 꾸민다는 뜻이야.

로서 / 로써
'로서'는 자격을 나타내는 말이고, '로써'는 도구를 나타내는 말이야.

소원을 이뤄 줄게

"티라노 방을 갖고 싶다고냥, 그 티라노사우루스?"

냥 작가는 쪽지에 적힌 소원을 읽고는 깜짝 놀랐어.

티라노사우루스는 아주 크고 무시무시한 공룡이야. 고양이 같은 건 한입에 잡아먹고도 남을걸.

"인간의 소원이란 참 알 수 없구냥. 하필이면 그런 무서운 공룡의 방을……."

냥 작가는 겁이 나서 말끝을 흐렸어.

"티라노 방이 정말 그 티라노사우루스의 방이냥?"

뭉치도 깜짝 놀랐어. 하린이랑 같이 텔레비전에서 티라노사우루스를 본 적이 있는데, 엄청나게 크고 사나워서 고양이는 감히 상대할 수도 없을 것 같았어. 뭉치도 겁이 났어. 그래도 집사의 소원은 들어주고 싶었어.

"냥 작가, 하린이가 갖고 싶은 건 티라노의 방이다냥. 티라노는 아니다냥. 그러니까 공룡을 사냥하지 않아도 된다냥. 방만 찾으면 된다냥."

"그, 그렇구냥. 공룡 사냥은 안 해도 되는구냥. 다행이다냥. 난 사냥에는 취미가 없어서……."

냥 작가는 비로소 마음을 놓았어. 그리고 나니 궁금증이 생겼지.

"뭉치 네 집사는 공룡의 방에서 뭘 하려는 것일까냥?"

"나도 모르겠다냥. 난 인간의 마음은 잘 모른다냥. 그저 나를 좋아하는 집사를 위해 소원을 들어주고 싶다냥."

"좋다냥. 같이 티라노 방을 찾아보자냥. 아주 대단한 모험이 되겠구냐옹!"

냥 작가의 가슴이 다시 부풀어 올랐어. 대단한 모험을 끝내면 아주 멋진 글을 쓸 수 있겠지!

"냥 작가, 냥 작가……. 나야, 한우."

한우는 냥 작가와 뭉치가 대단한 모험을 위해 마음을 하나로 모으는 모습을 본 후에야 조심스럽게 두 고양이 앞에 나타날 수 있었어.

"한우야, 지금은 모험이 먼저다냥. 우리의 모험이 성공하면 그다음에 숙제를 도와주겠다냥."

한우는 모험보다는 숙제가 급했지만 어쩔 수 없었어. 냥작가가 모험을 하겠다며 한껏 들떠 있었으니 말이야.

"알았어. 그런데 어떤 모험이야? 뭘 하는 건데?"

한우가 조심스레 물었어.

"티라노 방을 찾으러 가는 모험이다냥!"

"티라노? 티라노사우루스? 그 거대한 공룡?"

"맞다냥. 바로 그거다냥."

한우는 분명히 듣고도 믿을 수 없었어. 아니, 믿고 싶지 않았지. 한우는 고양이도 무섭고 비둘기도 무서운데, 티라노사우루스는 훨씬 더 무서운 동물이잖아!

 "근데 티라노 방을 어디서 찾아? 우리 동네에 그런 데가 있다는 얘긴 못 들어 봤는데?"

 한우는 너무 무서워서 티라노사우루스는 이미 멸종한 지 오래라는 사실도 깜박 잊었지 뭐야.

 "이 숲을 건너가면 있다고 했다냥. 뭉치의 집사가 티라노 방이 있다는 얘기를 들었다고 했다옹."

 냥 작가가 자신 있게 대답했어.

 그러고 보니 한우도 남쪽 지방 어디엔가 공룡 마을이 있다고 들은 기억이 났어. 그렇다면 여기라고 티라노사우루스의 방이 없으란 법은 없지.

 숲은 생각보다 엄청나게 컸어. 한우도 예전에 아빠랑 이 숲에 산책을 온 적이 있었어. 하지만 이렇게 숲속을 헤집고 다니지는 않았어. 숲은 위험한 것 투성이잖아.

 날쌘 고양이들은 위험한 줄도 모르고 숲을 마구 헤치면서 달려 나갔어.

"아, 그만 갔으면 좋겠는데……."

한우는 투덜거리면서도 날쌘 고양이들을 놓치지 않으려고 애썼어. 벌레에 쏘이거나 나뭇가지에 몸을 긁힐까 봐 한 걸음 한 걸음 조심스레 움직이면서 말이야. 그러다 보니 자꾸만 뒤처졌지.

잠시 뒤, 앞쪽에서 뭉치가 부르는 소리가 들렸어.

"냐옹! 냐옹!(어서 와라냥! 여기 티라노 방이 있다냥.)"

"티라노 방을 찾았다고 한다냥."

냥 작가는 뭉치의 말을 알려 주며 서둘러 달려갔어.

뭉치는 커다란 바위 아래에 서서 한 곳을 가리키고 있었어. 그곳에 작은 동굴이 보였어.

"와! 진짜 동굴 입구네? 하지만 티라노 방이라기에는 너무 작지 않아?"

동굴 입구는 아주 좁았어. 고양이는 드나들 수 있겠지만 공룡은커녕 한우도 절대 못 들어갈 정도였어.

"난 못 들어가. 너무 좁아."

"머리만 넣으면 어디든 들어갈 수 있다냥. 어서 머리를 넣어 보라냥."

"그건 고양이고. 사람은 다르거든! 게다가 여긴 흙투성이야. 눈이랑 귀에 흙 들어가면 병난다고!"

냥 작가와 한우가 실랑이를 벌이는 사이에 뭉치는 혼자서 먼저 동굴 안으로 쏙 들어가 버렸어. 그걸 보고 냥 작가도 재빠르게 달려갔어.

"잠깐만! 티라노가 잡아먹으면 어떡해!"

한우가 말렸지만 냥 작가는 이미 굴속으로 들어가 버렸어.

"으으, 혼자 남아도 무섭고 따라가면 더 무섭고……."

냐, 냥 작가! 꼭 살아서 돌아와야 해. 나 무서우니까.

한편 나영이와 하린이는 산책로를 따라 걸으며 여기저기 기웃거리고 있었어. 뭉치와 냥 작가와 한우의 모습은 어디에서도 보이지 않았어.

하린이는 가끔씩 손가락으로 수풀을 가리키며 소리쳤어.

"언니, 저거 뭉치 아냐?"

그때마다 나영이가 얼른 수풀에 다가가 보았지만, 까만 비닐봉지랑 까만 스카프랑 그런 것들 뿐이었어.

"비닐봉지는 일단 줍고."

나영이의 주머니는 이미 불룩했어. 고양이를 찾는 중이었는데 어쩌다 보니 쓰레기 줍는 착한 사람이 되고 말았어.

"아이참, 뭉치는 어디로 갔지?"

하린이가 울먹였어. 매일 창밖을 보고 있는 게 불쌍해 보여서 창문을 아주 조금 열어 줬는데 그 틈으로 사라져 버릴 줄은 몰랐지.

"너무 걱정하지 마. 얼른 찾으면 돼. 꼭 찾을 거야."

나영이는 하린이를 위로하며 열심히 주위를 둘러봤어.

'나도 숙제를 하려면 냥 작가랑 한우를 꼭 찾아야 하는데…….'

두 아이는 다시 터벅터벅 걸었어. 그때 하린이가 또 소리쳤어.

"언니, 저기!"

이번에는 비닐봉지가 아니었어. 난간에 누군가 붙여 놓은 쪽지가 보였어.

"뭐지?"

가까이 다가가 보니 쪽지에는 이렇게 쓰여 있었어.

여기 산책노 안임
길고양이 만은 길

"언니, 뭐래?"

하린이는 1학년이라 아직 한글을 잘 못 읽었어.

그런데 한글을 다 뗀 나영이도 이 쪽지는 잘 읽을 수 없었어. 글자는 읽을 수 있지만 내용을 이해하기 힘들었어. 쪽지에 적힌 글자의 맞춤법이 올바르게 되어 있지 않아서 이해가 되지 않은 거야.

고개를 갸웃거리던 나영이가 마침내 말했어.

"아, 이쪽이 산책로 안인가 봐. 길고양이들이 많다고 쓴 거 같고. 그럼 우리 고양이들도 여기 있을지 몰라. 이쪽으로 가 보자."

그 쪽지가 붙어 있는 난간 너머로 작은 오솔길이 나 있었어. 나영이와 하린이는 그 오솔길로 들어갔어. 그런데 좀 걷다 보니 길은 흔적도 없이 사라지고 비탈이 나왔어.

"언니, 어디로 가야 해?"

"나도 모르겠어."

두 아이는 주위를 두리번거렸어. 비탈 아래쪽에 숲이 펼쳐져 있고, 수풀 여기저기에 고양이들이 보였어.

"저기 고양이다!"

나영이는 자기한테 꼬꼬쌤 같은 맞춤법 능력이 생겼나 잠시 흥분했지만 숙제를 떠올려 보니 그게 아니라는 걸 깨달았어. 여전히 자신이 쓴 글에서 맞춤법이 어디가 틀렸는지 알 수가 없었거든.

"언니, 저 고양이들 사이에 뭉치가 있는 것 같아. 저기로 내려가자."

하린이는 오솔길 옆으로 난 가파른 비탈로 내려섰어.

"비탈은 위험해. 다른 길을 찾아보자."

나영이가 주위를 둘러보다가 쪽지가 붙은 난간에서 조금 떨어진 나무 계단을 가리켰어. 계단을 내려가면 고양이들이 있는 곳으로 안전하게 내려갈 수 있었어.

"하린아, 저쪽 계단으로 가자. 조심해서 내려와."

이 고양이가 네 고양이냐?

나영이는 하린이보다 먼저 성큼성큼 계단을 뛰어 내려갔어. 나영 홈스답게 뭉치 실종 사건은 직접 해결하고 싶었거든.

하린이가 조심조심 계단을 내려와 비탈 아래에 도착했을 때, 나영이는 고양이 한 마리를 불쑥 내밀었어.

그런데 한우와 냥 작가는 지금쯤 어떻게 됐을까? 동굴 안으로 들어가서 티라노 방을 찾아냈을까?

"저건 사람들 배드민턴 운동기구를 보관하는 컨테이너 건물이다냥."

냥 작가는 뭉치가 바라보는 건물을 보며 말했어. 한우도 끄덕이며 동의했어.

"맞아. 봐! 옆에서 배드민턴 치는 할머니, 할아버지들이 계시잖아."

하지만 뭉치는 고집을 꺾지 않았어.

"아니다냥. 저렇게 튼튼하게 생긴 걸 보니 티라노 방이 분명하다냥."

냥 작가와 한우는 혹시 몰라 직접 확인해 보기로 했어.

나영이는 이제 조금 지쳤어. 아무리 숲을 돌아다녀 봐도 뭉치와 냥 작가가 보이지 않았거든. 너무 오래 걸어서 다리만 팍팍하게 아팠어. 아무래도 고양이 실종 사건은 쉽게 해결되기 어려운 거 같았어.

"하린아, 조금 쉬었다 갈까?"

나영이는 아픈 다리를 두들기며 말했어. 하린이는 고개를 세차게 저었지.

"아니. 뭉치가 집을 못 찾아서 헤매고 있을 걸 생각하면 난 너무 슬퍼. 계속 찾자."

"그럼, 저쪽에 있는 사람들한테 좀 물어보자."

나영이는 산책로 옆쪽에 있는 운동 시설로 걸어갔어. 할아버지 할머니가 배드민턴을 치고 있었어.

"안녕하세요? 혹시 고양이랑 남자아이 못 보셨어요? 어쩌면 같이 있을 수도 있고, 따로 있을 수도 있는데요."

나영이가 묻자, 할아버지가 반가운 표정으로 말했어.

"검은 고양이하고 갈색 줄무늬 고양이, 그리고 라면 머리 꼬마 말이냐?"

"네! 맞아요!"

나영이는 힘차게 대답했어. 할아버지가 고양이들의 생김새를 잘 알고 있는 걸 보니 틀림없구나 싶었지.

"봤지. 셋이 같이 있더구나."

"언제 보셨어요? 혹시 뭘 하고 있었는지도 아세요?"

나영이가 다시 물으니 할아버지는 코를 만지며 뭔가 불편한 표정을 지었어. 그때 할머니가 입을 열었어.

"그 아이들, 아주 혼쭐이 나서 도망갔단다."

"네? 왜요?"

할머니는 할아버지를 가리키면서 말했어.

"도깨비 할아범을 만났거든. 호호호."

그제야 할아버지가 미안한 표정으로 입을 열었어.

"녀석이 여기 와서 공룡을 찾는 게 엉뚱하고 재밌길래 장난을 좀 쳤더니 무섭다고 달아나 버렸단다. 사과할 사이도 없이."

나영이는 고개를 갸웃거렸어. 한우랑 냥 작가, 뭉치가 함께 있는 것이 신기했고, 왜 배드민턴장에 와서 공룡을 찾은 건지도 이해할 수가 없었지.

아무튼 중요한 것은 한우와 고양이들을 찾는 것이었어.

"어느 쪽으로 갔는데요?"

"저쪽으로 갔다. 저 아래로."

할아버지가 가리키는 곳을 보니 저 멀리 한우와 고양이들의 모습이 얼핏 보였어.

"아! 저기다! 뭉치랑 냥 작가랑 한우, 다 같이 있어!"

그쪽은 옆 동네로 내려가는 산책로였어. 나영이와 하린이는 얼른 그쪽으로 달려갔어.

뒤에서 할아버지가 소리쳤어.

"친구를 만나거든 미안했다고 좀 전해다오."

"네, 할아버지."

나영이는 크게 대답하고는 멈춰 서 말했어.

"역시 명탐정 나영 홈스야! 곧 사건을 해결하겠군."

> 냥작가님!
> 저는 띄어쓰기가 너무 어려워요.
> 띄어쓰기가 중요한가요? 띄어쓰기를 잘하려면 뭘 알아야 하죠?
> -2학년 2반 민준

띄어쓰기를 잘못하면 '아버지 가방에 들어가신다냥!'

띄어쓰기는 중요할까?

 말을 할 때 가만히 들어 보면 사이사이 띄어서 말을 해. 숨도 안 쉬고 계속 이어서 말하면 말하는 사람도 힘들지만, 알아듣기도 힘들거든.

 글을 쓸 때도 마찬가지야. 낱말들을 전부 다 붙여서 쓰거나 띄어쓰기를 잘못하면 뜻이 달라지거나 글을 이해할 수 없게 돼. 그래서 말을 할 때보다 글을 쓸 때 띄어쓰기가 더욱 중요하지.

 띄어쓰기는 기본적인 규칙만 알면 그렇게 어렵지 않아. 글을 쓰고 난 뒤에 소리 내어 읽어 보는 것도 도움이 돼.

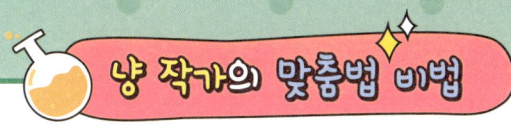

띄어쓰기의 법칙을 알려 주겠다냥! 잘 들어라냥!

1. 모든 낱말은 띄어 쓰는 게 기본 규칙이다냥.
　글을 쓸 때 낱말들을 이어서 쓰지 말고, 낱말과 낱말 사이를 일단 다 띄어 써 봐.

2. 하지만 조사는 앞말에 붙여 쓴다냥.

> **조사가 뭐냐고?**
> 은/는, 이/가, 을/를, 와/과, 에/에서, 의
> 이런 것들이 조사야.

나는 학교에 간다.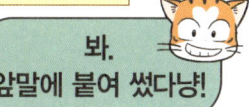

봐.
앞말에 붙여 썼다냥!

3. 수를 세는 단위는 띄어 쓴다냥.
　한 명, 두 마리, 세 개, 네 번

4. 호칭이나 직업은 띄어 쓴다냥.
　냥냥이 씨, 김 선생님, 박 박사, 이 시장님

티라노 방은 어디에

한우는 도깨비 할아버지에게 잡힐까 두려워 다리가 안 보일 정도로 내달렸어. '훅, 훅' 가쁜 숨이 터져 나왔지.

냥 작가는 바람처럼 쌩 하고 자신을 지나쳐 달려가는 한우를 보고 깜짝 놀랐어.

"한우가 저렇게 빨리 뛰다니 놀랍다냥."

한우는 태어나서 이렇게 빨리 달려 보기는 처음인 것 같았어. 아니, 두 번째였어. 조금 전 오소리에게 쫓길 때 더 빨리 뛰었던 것 같아.

산책로가 끝나고 옆 동네에 접어들어서야 냥 작가와 한우는 걸음을 늦추고는 걷기 시작했어. 도깨비 할아버지가 더는 쫓아오지 않았거든.

"이제 다시 티라노 방을 찾아보자옹."

냥 작가는 뭉치 집사가 적은 쪽지를 다시 펼쳐 봤어.

> 나눈 티라노 방을 갚고 시퍼. 다른 애들은 다 있는데 나만 업서. 티라노 방. 엽동네에 가면 아직 티라노 방이 있대. 근대 거기 가려면 꼭 숩을 너머가야 한데.

냥 작가는 뭔가 놓친 게 있는지 다시 찬찬히 읽어 봤어.

"앞부분은 티라노 방을 갖고 싶다는 거니까 무슨 말인지 알겠는데, 뒷부분이 명확하질 않다냥. 엽동네, 엽동네, 엽동네가 뭐냥?"

냥 작가가 쪽지를 보며 중얼대자 한우가 옆으로 다가와 같이 쪽지를 봤어. 그리고 갸웃거리며 말했어.

"엽동네? 엽동네가 뭐가 이상해? 엽 동네라는 거잖아?"

한우의 말을 들은 냥 작가는 깜짝 놀랐어.

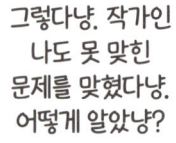

한우는 맞춤법을 잘 알지 못해서 꼬꼬쌤한테 숙제를 받을 때만 해도 별것도 아닌 일로 숙제를 내주신다고 불만이었어. 그런데 이런 상황을 마주하고 보니 자기 생각이 틀렸다는 걸 알게 됐어. 설마 맞춤법 좀 틀렸다고 무서운 숲을 통과하는 일이 생길 거라고는 생각도 못 했었거든.

"엽 마을, 옆 마을, 엽 마을, 옆 마을."

 한우는 옆 마을, 엽 마을을 반복해서 중얼거렸어. 그리고 냥 작가에게 말했어.

"맞춤법이라는 게 글자를 왜 소리 나는 대로 쓰지 않나 불만이었는데, 이런 문제가 생기는구나."

"그렇다냥. 단순히 소리 나는 대로 쓰면 같은 소리를 내는 다른 글자들 때문에 혼란이 생긴다냥. 맞춤법이란 그런 문제를 포함해 글을 잘못 이해하는 일을 막는 약속이다냥."

 냥 작가가 쪽지를 챙겨 넣으며 말을 이었어.

"뭉치 집사가 옆 동네라고 제대로 썼으면 내가 금방 알아들었을 거다냥. 글자를 잘못 써서 이런 오해가 생긴 거다냥."

냥 작가의 설명까지 들으니 한우는 맞춤법이 중요한 이유를 설명한 꼬꼬쌤의 말이 더 확실히 이해됐어.

한우와 냥 작가가 맞춤법에 관해 이야기하는 동안, 뭉치는 혼자 주위를 둘러보기로 했어. 둘의 대화를 계속 듣고 있자니 다시 잠이 들 거 같았거든. 뭉치는 절대 잠들 수 없었어. 집사 하린이의 소원을 들어주는 중요한 임무를 갖고 있었기 때문이야.

산책로 아래에는 정원이 딸린 주택들이 있었어. 뭉치는 거길 기웃거리고 있었지.

한우와 고양이들은 무서운 개와 주인을 피해서 그 집 담장을 따라 걷기 시작했어. 그러다가 담벼락에 붙은 팻말을 발견했어. 팻말에는 이렇게 쓰여 있었어.

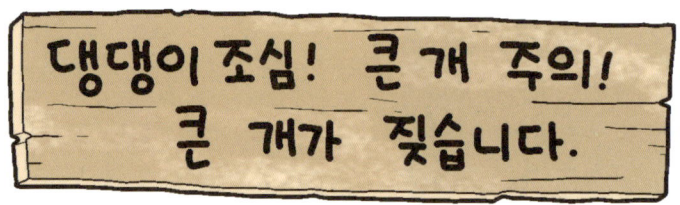

한우는 그 팻말을 가리키며 말했어.
"이거 봐. 개가 맞잖아. 큰 개였어."
"그런데 사람들은 왜 개를 보고 댕댕이라고 하는 거냥?"
냥 작가가 팻말을 보며 고개를 갸웃 기울였어.
"여기 봐. 댕댕이라는 글자가 멍멍이라는 글자랑 비슷하잖아. 그래서 그렇게 부르는 거야."
"하지만 그건 틀린 말 아니냥? 아까도 말했지만, 글자를 잘못 쓰면 오해가 생긴다냥."
냥 작가의 말에 한우는 잠깐 생각해 봤어.

"음. 그냥 재미있으라고 그렇게 부르는 건데……. 많은 사람이 댕댕이라고 말하니까 이제 약속이 된 거 아닐까? 맞춤법은 원래 약속이라며."

한우는 나름대로 열심히 생각해서 한 대답인데, 냥 작가에겐 마음에 들지 않는 것 같았어.

"아무렇게나 약속하면 그게 어떻게 규칙이겠냥?"

듣고 보니 냥 작가 말도 맞는 것 같았지.

한우는 뭐라고 대답할까 또 열심히 생각하다가 문득 꼬꼬쌤이 했던 말이 생각났어.

"아니야! 규칙이 달라지기도 해. 맞춤법도 바뀐다고. 꼬꼬쌤이 그랬어. 시대가 바뀌면서 말이 바뀌면 맞춤법도 새로 바꿔 만든대."

한우의 말에 냥 작가가 고개를 끄덕였어.

"그러냥? 하긴 사람들은 가끔 멋대로 약속을 바꾸기도 하니까 그 말은 맞는다냥. 그래도 댕댕이는 아직 맞춤법에 맞는 말이 아니다냥."

뭉치는 앞장서 걷고 있었어. 티라노 방을 찾기 위해선 실망할 시간도 아까웠기에 동네를 꼼꼼히 살펴보며 걸었지.

조금 가다 보니 어린이 놀이터가 나왔어. 몇 가지 놀이 기구가 있는 평범한 동네 놀이터였어. 그런데 이게 웬일이야? 놀이터에 공룡 꼬리가 보였어.

'응? 티라노냥?'

뭉치는 발걸음을 서둘러 놀이터로 옮겼어. 진짜였어. 커다란 공룡이 놀이터 한가운데 우뚝 서 있었어.

뭉치는 큰 소리로 외쳤어.

"여기 있다냥! 여기 티라노가 있다냥!"

그 소리를 듣고 냥 작가와 한우도 놀이터를 향해서 힘껏 달렸어.

"티라노다냥, 티라노. 어서 가 보자냥!"

"진짜? 또 큰 개가 아닐까?"

한우는 반쯤은 믿지 못하는 마음이었지만 그래도 가 봐야지, 어쩌겠어?

와! 그런데 거기에는 진짜 있었어. 커다란 공룡이 있었어. 다름 아닌 티라노사우루스가.

바로 그때, 나영이와 하린이도 그곳에 도착했어.

배드민턴장에서부터 얼마나 열심히 쫓아왔는지 몰라. 그런데 고양이들이 좀 빨라야지. 도무지 따라잡을 수가 없었어. 게다가 하린이는 아직 어려서 달리기를 잘하지 못했어.

그래도 나영이가 온 힘을 다해 달려서 겨우겨우 가는 방향만은 놓치지 않고 쫓아올 수 있었어. 한우와 냥 작가가 주택 담벼락 앞에 서서 맞춤법 얘기를 하느라 시간을 끄는 바람에 따라잡을 수 있었지.

"한우야!"

나영이가 한우에게 다가가서 부르자 한우는 깜짝 놀라며 뒤를 돌아봤어.

"어? 나영아. 여긴 어떻게 알고 왔어?"

"어떻게 오긴. 숲에서부터 따라왔지. 할아버지 할머니가 이쪽으로 갔다고 얘기해 주셨어."

나영이는 숨을 헉헉 몰아쉬며 말했어.

"뭉치! 뭉치야!"

하린이는 뭉치를 발견하고는 얼른 달려가서 뭉치를 품에 꼭 안았어. 마침내 무사히 뭉치를 찾아내서 너무나 기뻤어.

뭉치는 열심히 야옹거렸어. 집사 하린이가 자기를 칭찬해 주길 바랐지만, 하린이는 뭉치의 말을 알아듣지 못했지.

나영이는 한우에게 어떻게 된 일인지 물었어.

"숙제 때문에 냥 작가를 찾으러 간 거 아니었어? 대체 여기는 왜 왔어?"

"뭉치가 집사의 소원을 들어주겠다고 해서 돕느라 같이 돌아다녔어."

"하린이의 소원? 그게 뭔데?"

한우는 냥 작가에게 어서 소원 쪽지를 나영이한테 보여 주라고 말했어. 그러자 냥 작가가 쪽지를 꺼내서 나영이에게 건넸지.

"티라노 방? 그래서 여태 티라노 방을 찾아다닌 거야?"

"응. 맞아."

한우는 아무 의심 없이 대답했지. 하지만 나영이가 보기에는 뭔가 이상했어.

쪽지에는 분명히 '티라노 방'이라고 적혀 있었지만 아무래도 '티라노 빵'일 것 같았어. 티라노 빵은 요즘에 아이들 사이에서 유행하는 빵이야. 빵 안에 공룡 캐릭터 모양의 스티커가 들어 있어서 너도나도 사 모으고 있지.

나영이는 쪽지를 들고 하린이에게 다가갔어.

"뭉치를 찾아서 너무 다행이야. 근데 하린아, 뭉치가 네 소원을 들어주려고 모험을 떠난 거였대."

"뭉치가 내 소원을?"

하린이는 깜짝 놀랐어. 뭉치가 더욱 사랑스러워져서 뭉치를 더 꼭 껴안았지.

"근데 이거 뭐라고 쓴 거야?"

나영이가 하린이에게 쪽지를 보여 주며 물었어.

"티라노 빵 갖고 싶다고. 친구들은 다 사서 캐릭터 스티커 많이 모았는데, 나만 한 개도 못 샀거든."

순간 셋은 얼어붙고 말았어. 여태 하린이 소원이 티라노 방인 줄 알고 찾아다녔는데, 티라노 빵이었다니!

"하린이가 빵을 방이라고 잘못 쓴 거였어? 그래서 우리가 그 고생을 한 거야?"

한우는 억울해서 발을 동동 굴렀어.

"하린이는 1학년이잖아. 우리도 맞춤법을 틀려서 숙제를 하게 됐으니 할 말이 없지, 뭐."

나영이와 한우는 누가 뭐라고 하는 것도 아닌데 괜히 얼굴이 붉어졌어. 여기까지 냥 작가를 쫓아온 이유도 바로 맞춤법 숙제 때문이었으니까.

무안함을 감추려고 나영이는 얘기를 다른 데로 돌렸어.

> 냥작가!
> 맞춤법이 어려운 건 다 받침 때문인 것 같아. 소리 나는 대로 쓰면 된다고 해놓고 받침은 그렇지 않잖아. 받침들을 틀리지 않는 방법이 없을까?
> —2학년 5반 자영

똑똑하구냥! 받침이 중요한 걸 알다니.

받침을 잘 알면 맞춤법이 쉬워진다고?

받침 때문에 맞춤법이 어렵다는 말은 틀린 말이 아니야. 받침이 있다는 것이 우리말의 특징인데, 글자를 정확히 모를 때에는 꽤 헷갈리거든.

소리는 같은데 글자는 다른 경우가 있어서 헷갈리는 거야. 또 쌍받침이나 겹받침처럼 복잡한 글자들도 있지.

어려운 받침을 잘 익히고 나면 맞춤법이 훨씬 쉬워질 거야. 받아쓰기도 자신이 생길 테고 말이야. 그러니까 공부해 보자.

냥 작가의 맞춤법 비법

1. 소리가 비슷해서 헷갈리는 받침들을 구별해라냥.

뜻에 따라서 받침이 다르니 뜻을 잘 알아야 해.

같다	내 연필이랑 똑같아
갖다	가방을 갖고 싶어

낳다	강아지가 새끼를 낳았어
낫다	밥보다 빵이 낫지 않아?

빚다	송편을 빚었어
빗다	머리를 빗었어

짖다	개가 짖어
짓다	집을 짓고 보니

2. 쌍받침과 겹받침이 들어가는 낱말들을 기억해라냥.

쌍받침은 같은 자음이 두 번 들어간 것이고, 겹받침은 다른 자음이 두 개 들어간 거야.

쌍받침 겪다/닦다/섞다/낚시/밖/갔다/샀다/썼다/잤다/했다

> 지난 일을 말할 때는 쌍시옷 받침을 쓴다냥.

겹받침 많다/맑다/삶다/닮다/짧다/뚫다/얹다/없다/잃다

겹받침이 있는 낱말은 소리와 글자가 달라서 특별히 기억해 둬야 해. 많이 써 보는 수밖에 없어.

틀린 맞춤법이 불러온 오해

 나영이는 어깨에 힘을 주고 걸어가는 한우와 하린이, 냥작가와 뭉치를 보며 영화의 한 장면 같다고 생각했어.
 '우리 꼭 티라노 빵 원정대 같은걸. 빵을 구하기 위해 온갖 어려움을 헤쳐 나가며 모험을 떠나는 원정대! 멋지다.'
 딴생각에 빠져 있던 나영이가 갑자기 고개를 끄덕였어. 이젠 맞춤법이 왜 중요한지 알 거 같았지. 다른 사람들이 이해하게 하려면 맞춤법이라는 규칙에 맞게 써야만 하는 거라는 꼬꼬쌤의 말을 몸으로 경험했거든.

'산책로 안임'이라고 잘못 쓴 쪽지를 보고 산책로인 줄 알고 갔다가 하마터면 하린이가 비탈에서 떨어질 뻔했지. 또 한우와 고양이들도 '티라노 방'이라는 글자만 믿고서 지금까지 엉뚱한 것을 찾아다녔잖아.

"앞으로는 맞춤법을 무시하지 말아야겠다. 내가 하려는 말을 다른 사람이 오해하면 안 되잖아."

나영이는 혼잣말을 중얼거리며 생각을 이어갔어.

'그럼 내가 쓴 글에서 맞춤법이 틀린 부분은 뭐였을까? 혹시 '모든 게 숲으로 돌아갔다'는 말이 다른 뜻이었나? 아니면 아빠가 말한 '괴로움을 무릎 쓴다'는 말인가?'

"나영아, 빵은 안 찾고 다른 맛있는 거 생각하냥? 하긴, 나도 배가 고프다냥. 저염 유기농 츄르 같은 거 없냐옹?"

냥 작가가 나영이의 다리를 톡톡 건드리며 말했어. 나영이는 대답 대신 엉뚱한 걸 물었어.

"냥 작가, 혹시 '모든 게 숲으로 돌아간다'는 말이 무슨 뜻인지 알아?"

"모든 게 숲으로 돌아간다. 그 뜻을 모른단 말이냥?"

냥 작가는 어이없다는 듯이 나영이를 쳐다봤어.

한우는 티라노 빵을 찾기 위해서 최선을 다했어. 그걸 찾아야만 냥 작가에게 숙제를 도와 달라고 할 수 있으니까 말이야. 뭉치는 집사의 소원을 꼭 이뤄 주고 싶었고, 하린이는 티라노 빵을 갖는 게 소원이었기에 다들 열심히 찾아다녔어. 그런데 아무리 찾아다녀 봐도 티라노 빵을 구할 수가 없었어. 편의점도 가 보고, 빵집에도 가 보고, 마트에도 가 봤지만 티라노 빵이 다 떨어졌대.

"나영아, 티라노 빵이 없대. 어떡해?"

한우가 나영이에게 물었어. 그런데 나영이는 듣지 못했어. 나영이와 냥 작가는 둘이 뒤에서 무슨 얘기에 푹 빠져서는 티라노 빵을 찾지도 않고 있었거든. 한우는 나영이에게 다시 말했어.

나영이는 자기 말을 실천하듯 그때부터 앞장서서 티라노 빵을 찾아다녔어. 보이는 가게마다 전부 다 들어가서 물어봤지. 그런데 어디에도 티라노 빵은 남아 있지 않았어. 너무 인기가 좋아서 벌써 다 팔렸나 봐.

티라노 빵 있어요?

한참 동안 돌아다녀도 티라노 빵을 찾지 못하자, 하린이가 풀 죽은 얼굴로 말했어.

"나영이 언니, 한우 오빠, 티라노 빵 못 사도 괜찮아."

말은 괜찮다고 하면서도 하린이의 얼굴은 실망으로 가득 차서 금방이라도 울 것 같았어.

나영이는 절대로 포기할 수 없었어. 어떤 어려움도 무릅쓰고 찾아 주겠다고 결심했으니까.

"아니야, 하린아. 언니가 꼭 찾아 줄게. 근데 잠깐만 쉴까? 계속 돌아다녔더니 다리가 좀 아프네."

마음과는 달리 몸이 안 따라줬어. 아이들 모두 다리가

아팠어. 아까부터 숲속이며 동네를 뛰어다녔으니까. 고양이들은 예외야. 아직도 얼마든지 뛰어다닐 수 있었지. 하지만 고양이 둘이서 가게에 가서 빵을 살 수는 없잖아? 그래서 모두 벽에 기대앉아 잠깐 쉬었어.

그때 어디선가 작은 목소리가 들려왔어. 냥 작가는 귀를 쫑긋 세웠어. 언뜻 '티라노 빵'이라는 말이 들렸거든. 저만치 아이들이 자전거 앞에 서서 속닥거리고 있었어. 남들이 못 듣게 하려고 작은 소리로 말하는 것 같았는데, 고양이의 귀를 피해 갈 수는 없었지.

속닥거리던 남자아이들은 급하게 자전거를 타고 그 자리를 떠났어.

"저 쓰레기통에 버려진 쪽지를 빨리 찾아라냥."

냥 작가가 급하게 말했어.

"쓰레기통을? 왜?"

나영이가 하기 싫은 듯 꾸물거리자 냥 작가가 다시 재촉했어.

"빨리빨리옹."

나영이는 할 수 없이 쓰레기통에서 쪽지를 꺼냈어. 다행히 쓰레기통엔 쪽지 하나만 버려져 있어서 굳이 뒤지지 않아도 금방 찾을 수 있었지.

"어서 그 쪽지를 읽어 봐라냥!"

냥 작가가 나영이에게 말하자 나영이는 어리둥절해졌어.

"이게 뭔데?"

"방금 저 아이들이 말하는 거 못 들었냥? 티라노 빵을 파는 데를 알고 있다고 했다냥. 그 쪽지에 적혀 있다냥."

"아! 정말이야?"

나영이도 자전거를 타고 가던 남자아이들이 멈춰 서서 자기들끼리 뭐라고 얘기하는 것을 얼핏 보긴 했어. 하도 작게 말해서 뭘 말하는지는 못 들었지만 말이야.

"티라노 빵을 파는 데라고?"

나영이는 얼른 쪽지를 펼쳤어. 한우와 하린이, 냥 작가도 머리를 들이밀고 다 같이 쪽지를 들여다봤지. 그런데 거기 적힌 글자를 아무도 이해할 수가 없었어.

'햇빛 문구'

문구점 간판에 분명히 그렇게 적혀 있었어. 그뿐만이 아니야. 아이들이 도착했을 때 문구점 안에서 아까 그 남자아이들이 막 나오고 있었어. 모두 주머니가 불룩했어.

'어? 저 애들이 먼저 티라노 빵을 다 샀으면 어떡하지?'

나영이의 마음이 급해졌어. 남자아이들이 나가자마자 서둘러 문구점 안으로 들어가며 우렁차게 소리쳤어.

"아저씨! 티라노 빵 있어요?"

주인아저씨의 대답을 듣기도 전에 나영이의 얼굴이 환해졌어. 가게 한쪽에 티라노 빵이 진열돼 있었거든.

"있다!"

나영이가 소리치자 뒤따라 들어오던 한우와 하린이의 얼굴도 환해졌어.

"언니, 진짜 티라노 빵 있어?"

"저기 있잖아."

하린이가 활짝 웃었어. 그 옆에서 뭉치는 기쁜 얼굴을 하고서 야옹거렸지.

햇빛 문구에는 티라노 빵이 넉넉히 있어서 하린이는 마침내 소원이던 티라노 빵을 갖게 되었어.

"티라노 빵이다!"

아이들과 고양이들은 모두 함께 동네로 돌아왔어. 하린이와 뭉치를 집에 데려다주고 난 뒤에, 나영이와 한우는 담뿍 미소를 지으며 냥 작가를 바라봤어.

"뭐냥? 왜 그러냥?"

"이제 냥 작가가 우리 소원을 들어줄 차례야."

"무슨 소원 말이냥?"

"맞춤법 숙제를 도와줘!"

냥작가님!
선생님이 내 글을 보고 맞춤법에 맞게 썼는데도 틀린 부분이 있대요. 문장 부호를 안 써서 그렇다는데, 대체 문장 부호가 뭐예요?

-1학년 3반 지호

이런! 마침표와 물음표를 안 썼구냥!

문장 부호는 무엇일까?

말할 때와는 달리 글을 쓸 때는 문장 부호도 함께 써야 해.

문장 부호는 글을 이해하기 쉽게 만들어주는 도구야. 문장이 끝났음을 알려 주는 마침표, 물어보는 말이라는 것을 알려 주는 물음표, 다른 사람이 한 말을 전달하는 따옴표 등이지.

문장 부호를 알맞게 써서 글의 뜻을 더욱 정확하게 나타내는 거야. 맞춤법의 완성은 문장 부호야. 마침표까지 제대로 찍어야 글이 완성되는 거야.

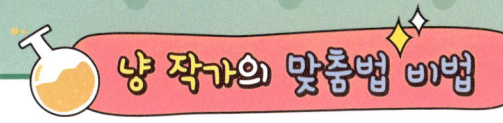

소리가 들리지 않는 글에서는 문장 부호가 없으면 물어보는 말인지, 그냥 하는 말인지 이해하기 힘들다냥. 또 오해가 생길 수도 있다냥. 우리말에서 자주 쓰이는 문장 부호를 알아 두자냥.

마침표(.)	문장 끝에 쓴다. 문장이 끝났음을 알려 준다.
쉼표(,)	여러 개의 낱말을 늘어놓을 때, 문장이 너무 길어서 끊어줄 때 쓴다.
물음표(?)	물어보는 말일 때 문장 끝에 쓴다.
느낌표(!)	감탄할 때 문장 끝에 쓴다.
작은따옴표(' ')	마음속 생각을 나타낼 때 쓴다.
큰따옴표(" ")	소리 내어 한 말을 옮겨 쓸 때 쓴다.
말줄임표(……)	말을 줄일 때 쓴다.
물결표(~)	어디부터 어디까지를 나타낼 때, 언제부터 언제까지를 나타낼 때 쓴다.

맞춤법은 중요해

  나영이와 한우는 번개아파트 화단으로 돌아왔어. 숲속을 한참 뛰어다니고 옆 동네까지 돌아다니다 와서 그런지, 지겹던 번개아파트 화단이 이제는 냥 작가에게 아주 새롭게 느껴졌어. 나영이와 한우는 화단으로 돌아온 뒤 누가 더 엄청난 모험을 했는지 쉬지 않고 옥신각신했어.

  평상시라면 시끄럽게 느꼈을 소란이었지만 냥 작가는 그런 말다툼까지도 반가웠어.

  "평화롭다냥."

"그만 떠들고 숙제를 보자냥. 맞춤법 숙제라고 했냥?"

몸과 마음이 편안해진 냥 작가가 아이들에게 말했어.

"응. 꼬꼬쌤이 우리가 쓴 글에 틀린 맞춤법이 많대. 스스로 고쳐 오라고 숙제를 내주셨는데 너무 어려워서."

나영이가 한숨을 내쉬며 말했어.

"글을 보여 줘라냥."

냥 작가가 빨간 색연필을 집어 들었어.

나영이는 천천히 공책을 꺼내 냥 작가에게 건넸어. 그러면서 슬쩍 다시 보니까 자기가 쓴 글이지만 정말 틀린 데가 많은 것 같아서 부끄러워졌어.

나영이의 글을 읽는 냥 작가의 표정이 이상해졌어. 조금 전만 해도 나른한 얼굴이더니 지금은 반쯤 일그러지고 눈물까지 맺힌 게 마치 비웃는 것 같은 표정이었어.

"냥 작가! 지금 내 글을 비웃는 거야?"

나영이가 빨개진 얼굴로 물었어.

"아니. 비웃는 건 아니고 그냥 대놓고 웃는 거다냥. 그래도 내용은 아주 감동적이다냥. 아빠를 생각하는 마음이 잘 느껴진다냥."

"진짜?"

"하지만 감동을 느끼기 위해서는 틀린 맞춤법의 산을 넘어야 한다냥."

"틀린 맞춤법의 산? 어휴, 그 정도야?"

나영이가 고개를 푹 숙였어.

> 엿줘봤더니가 뭐냥? 그리고 가슴은 배추도 아닌데 왜 절이는 거냐옹! 냥냥냥.

"응? 가슴이 '절여온다'고 하는 말 있잖아?"

나영이는 냥 작가의 말을 이해하지 못하고 고개를 갸웃거렸어.

"'절여온다'가 아니고 가슴이 '저려 온다' 글자를 틀리게 썼다냥! 나영이가 틀린 맞춤법은 대부분 엉뚱한 말로 잘못 생각해서 그런 거다냥. 내가 우선 틀린 곳들을 표시해 줄 테니 한번 생각해서 고쳐 봐라냥."

냥 작가가 색연필을 들고 나영이의 글에 죽죽 빨간 줄을 긋기 시작했어.

요즘 아빠가 너무 괴로워하신다. 날마다 서재에서 머리를 주워뜯는다. 왜 그러냐고 엿줘봤더니 '모든게 숲으로 돌아갔다!'고 하신다. 무슨 말인지는 잘 모르겠지만 아빠의 그런 모습을 보니 가슴이 절여온다. 하지만 아빠는 또 벌떡 일어나 이렇게 말했다. '난 포기하지 안아! 괴로움을 무릎쓰고 재미있는 글을 쓰고 말 거야!' 아빠가 이상해진 것 같아서 걱정이다. 아빠를 위로해 줄 방법이 없을까?

냥 작가가 빨간 줄로 표시해 준 곳을 보면서 나영이는 고민에 빠졌어. 열심히 고쳐 보려고 애를 썼지. 옆에서 그 모습을 보면서 한우는 괜히 안절부절못하며 왔다 갔다 했어. 남의 일 같지 않았거든.

그런 한우를 보고 냥 작가가 말했어.
"뭐 하냥, 한우 너도 어서 글을 꺼내 봐라냥."
"어? 내 글?"
"너도 숙제를 해야 하는 거 아니냐옹?"
"응? 해야지."
한우가 가방에서 공책을 꺼내는데, 벌써부터 창피한 마음이 들어서 손이 아주 천천히 움직였어.
"얼른 줘라냥!"
"여기……."
한우가 공책을 펼쳐서 보여 주자 글을 읽던 냥 작가가 갑자기 벌떡 일어서더니 자랑스러운 표정을 짓는 거야. 한우는 어리둥절했지. 나영이 글을 봤을 때보다 더 크게 비웃을 줄 알았거든.
"왜? 냥 작가가 보기에도 어디가 틀린지 모르겠어?"
한우는 냥 작가도 도와주지 못할까 봐 걱정돼 목소리가 떨렸어.
냥 작가는 한우의 물음에 대답 대신 양팔을 활짝 펼치며 외쳤어.

"한우 너는 아마 머리가 따분해진다는 뜻인 줄 알고 '골이따분'이라고 생각한 거 아니냥?"

냥 작가의 말에 한우가 고개를 끄덕였어.

"맞아. 그런 줄 알았어. '고리타분하다'가 맞는 말이구나."

"고리타분한 책을 보면 머리가 따분해지기는 한다냥. 그래서 네가 헷갈렸나 보다냥. 자, 그럼 그 단어를 고치고 나머지 맞춤법과 띄어쓰기 틀린 곳들도 고쳐 봐라냥."

냥 작가는 한우의 글에도 맞춤법이 틀린 곳을 찾아 빨간 줄을 죽죽 그어 주었어.

맨 날 공부만 하니까 골이따분하다. 너무 골이따분해서 그런가? 똥이 잘 안 나왔다병원에 갔더니 화장실에 자주 안가서 변비에 걸렸다고 했다. 약을 먹었더니 갑자기 똥이 너무마니 나왔다. 화장실변 기가막혔다. 나영이한테 변 기막힌 이야기를 해줬다. 나는 심각한데 나영이는 더럽다며 웃다가 더더럽게 콧물이 나왔다. 옆에서 문구 점아저씨가 듣고 "몸이 건강해야 똥이 잘나온다 공부만 하지 말고 우리 시체 육동아리에서 여는 어린이 운동회에 나와라."고 했다. 운동도 공부만큼 싫은대?

"이제 맞춤법이 중요하다는 것은 잘 알게 됐어. 그런데 어떻게 하면 맞춤법에 맞게 쓸 수 있어? 우리는 다 한국 말을 잘하잖아. 근데 왜 맞춤법은 자꾸 틀리지?"

나영이가 고개를 들고 냥 작가에게 물었어. 그러자 옆에 있던 한우도 고개를 끄덕이며 말했어.

"맞아. 말하는 건 쉬운데 글로 쓰는 건 너무 어려워."

"말하는 것과 글자로 쓰는 게 조금 달라서 그렇다냥. 맞춤법을 잘 배우고 익히려면 책을 많이 봐야 한다냥. 맞춤법에 맞도록 바르게 쓴 글을 자꾸 봐야 하는 거다냥."

냥 작가의 대답에 나영이와 한우는 고개를 떨궜어.

"결국 답은 책이네."

"다 고쳤어!"

"어디 보자냥."

마침내 나영이와 한우가 글을 다 고쳐서 냥 작가에게 건넸어. 어려웠지만 아주 열심히 고쳤어. 이제 맞춤법이 중요하다는 것을 충분히 깨달았으니까 말이야.

나영이의 맞춤법 고쳐쓰기

요즘 아빠가 너무 괴로워하신다. 날마다 서재에서 머리를 쥐어뜯는다. 왜 그러냐고 여쭤봤더니 '모든 게 수포로 돌아갔다!'고 하신다. 무슨 말인지는 잘 모르겠지만 아빠의 그런 모습을 보니 가슴이 저려 온다. 하지만 아빠는 또 벌떡 일어나 이렇게 말했다. '난 포기하지 않아! 괴로움을 무릅쓰고 재미있는 글을 쓰고 말 거야!' 아빠가 이상해진 것 같아서 걱정이다. 아빠를 위로해 줄 방법이 없을까?

한우의 맞춤법 고쳐쓰기

맨날 공부만 하니까 고리타분하다. 너무 고리타분해서 그런가? 똥이 잘 안 나왔다. 병원에 갔더니 화장실에 자주 안 가서 변비에 걸렸다고 했다. 약을 먹었더니 갑자기 똥이 너무 많이 나왔다. 화장실 변기가 막혔다. 나영이한테 변기 막힌 이야기를 해줬다. 나는 심각한데 나영이는 더럽다며 웃다가 더 더럽게 콧물이 나왔다. 옆에서 문구점 아저씨가 듣고 "몸이 건강해야 똥이 잘 나온다. 공부만 하지 말고 우리 시 체육 동아리에서 여는 어린이 운동회에 나와라."고 했다. 운동도 공부만큼 싫은데.

1. 두 낱말 중에서 맞춤법이 바른 것을 골라 보라냥.

① 오늘은 안 돼요. (이따가 | 있다가) 병원에 가야 해요.
② 자전거 고치는 법을 (가리켜 | 가르쳐) 줄게.
③ 이모가 아기를 (낳았어요 | 나았어요).
④ 집에 (들러서 | 들려서) 가방을 가지고 학원에 갈 거야.
⑤ 안경을 어디에 뒀는지 눈에 (띠지 | 띄지) 않아.
⑥ 내일은 (반드시 | 반듯이) 수영을 해야지.
⑦ 바위 아래에 깔려 있어. 바위를 (드러내자 | 들어내자).
⑧ (선생님으로서 | 선생님으로써) 하는 말인데, 조용히 해라.
⑨ 그 애가 하는 말은 (왠지 | 웬지) 기분이 나빠.
⑩ 새가 나타나서 지렁이를 (산 채로 | 산 체로) 잡아먹었어.
⑪ 너는 왜 운동을 (안 | 않) 하는 거니?
⑫ 옆 반 친구들은 오늘 청소를 (한데 | 한대).
⑬ 땅에 떨어진 것을 (줏어 | 주워) 먹으면 안 돼.
⑭ 오늘 학교에 (연애인 | 연예인)이 촬영을 하러 왔어.

2. 다음 문장을 알맞게 띄어쓰기 해 보라옹.

❶ 냥작가는오늘아침에참치두캔을먹었어요.

❷ 한우는겁이많지만동물을싫어하는것은아니야.

❸ 나영이의아버지는오늘도글을쓰기위해서재에틀어박혀계셔.

3. 다음 글에서 맞춤법이나 띄어쓰기, 문장 부호가 틀린 부분을 찾아서 고쳐 보라냥.

산들 바람이 불어오는 가을이 되엇어요.
나영이와 한우는 들판을 뛰어다니고 있었어요.
숙제 때문에 냥작가를 찾고 있는 거시었답니다
선생님 께서 숙제를 내주셨는데,
너무 어려워서 냥 작가에게 도움을 받고 십었거든요.
도대채 냥 작가는 어디로 간 것일까요!
냥 작가는 가을을 맞이 해 사냥을 하는 중이었어요.
이번에는 꼭 쥐를 잡아 보겠다고 결심했죠?
'냥 작가! 어디 있어?"
한우가 소리치는바람에 그만 쥐가 달아나고 말았어요.
사냥은 이제 틀린 것 갓았어요.

해답지

31쪽
❶ ×(낳았어요) ❷ ×(부쳤다) ❸ ○ ❹ ×(가리키며) ❺ ×(부쉈어요)
❻ ○ ❼ ×(닫혀) ❽ ×(엎어 버리고) ❾ ○ ❿ ○

142쪽

1. ❶ 이따가 ❷ 가르쳐 ❸ 낳았어요 ❹ 들러서 ❺ 띄지
   ❻ 반드시 ❼ 들어내자 ❽ 선생님으로서 ❾ 왠지 ❿ 산 채로
   ⓫ 안 ⓬ 한대 ⓭ 주워 ⓮ 연예인

2. ❶ 냥ˇ작가는ˇ오늘ˇ아침에ˇ참치ˇ두ˇ캔을ˇ먹었어요.
   ❷ 한우는ˇ겁이ˇ많지만ˇ동물을ˇ싫어하는ˇ것은ˇ아니야.
   ❸ 나영이의ˇ아버지는ˇ오늘도ˇ글을ˇ쓰기ˇ위해ˇ서재에ˇ틀어박혀ˇ계셔.

3. 산들바람이 불어오는 가을이 되었어요.
   나영이와 한우는 들판을 뛰어다니고 있었어요.
   숙제 때문에 냥 작가를 찾고 있는 것이었답니다.
   선생님께서 숙제를 내주셨는데,
   너무 어려워서 냥 작가에게 도움을 받고 싶었거든요.
   도대체 냥 작가는 어디로 간 것일까요?
   냥 작가는 가을을 맞이해 사냥을 하는 중이었어요.
   이번에는 꼭 쥐를 잡아 보겠다고 결심했죠.
   "냥 작가! 어디 있어?"
   한우가 소리치는 바람에 그만 쥐가 달아나고 말았어요.
   사냥은 이제 틀린 것 같았어요.